Collections de M. V... et de M. T...

TABLEAUX

MODERNES

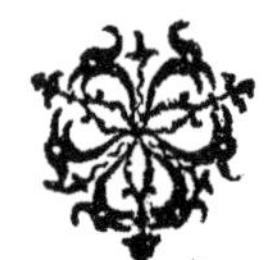

Collections de M. V... et de M. T...

TABLEAUX MODERNES

CONDITIONS DE LA VENTE

Elle sera faite au comptant.

Les adjudicataires paieront **dix pour cent** en sus des enchères.

Paris. — Imp Georges Petit, 12, rue Godot-de-Mauroi. — 21433-11

CATALOGUE

DES

Tableaux Modernes

PAR

ALLÈGRE, BAIL (J.), BESNARD, BOUCHÉ, BOUDIN (E.)
BRAQUAVAL, BRISSOT, BROWN (J.-L.), CAZIN
DELPY, DUPRÉ (JULES), FROMENTIN, HENNER, JACQUE (CH.)
LEBOURG, LEPINE, LE SIDANER, LHERMITTE
LUMINAIS, MERLOT, MESLÉ, RICHET (L.), SISLEY, STEVENS (A.)
THAULOW, VAYSON, VEYRASSAT, VIBERT, VOLLON
WASHINGTON, ZUBER, ETC.

COMPOSANT LES

Collections de M. V... et de M. T...

ET DONT LA VENTE AUX ENCHÈRES PUBLIQUES AURA LIEU

HOTEL DROUOT, Salle N° 1

Le Vendredi 12 Mai 1911

à deux heures

COMMISSAIRE-PRISEUR	EXPERT
Me F. LAIR-DUBREUIL	M. GEORGES PETIT
6, rue Favart, 6	8, rue de Sèze, 8

EXPOSITION PUBLIQUE

Le Jeudi 11 Mai 1911, de 1 heure 1/2 à 6 heures.

Collection de M. V...

TABLEAUX MODERNES

ALLÈGRE

1 — *Venise.*

Une ruelle bordée de palais ; des gondoles que des gondoliers font manœuver près d'un pont, traversé par plusieurs personnages.

Au fond, les murs caressés par une belle trainée de soleil. A gauche, au-dessus d'un mur, de grands arbres aux branches chargées de feuilles.

A droite, dans les premiers plans, une gondole amarrée au seuil d'un palais, et où une jeune femme va prendre place.

Signé à gauche, en bas.

Toile. Haut., 1 m. 21 cent.; larg., 90 cent.

ALLÈGRE

2 — *Les Tartanes aux voiles jaunes, à Venise.*

Signé à gauche, en bas : *B. Allègre.*

Toile. Haut., 58 cent.; larg., 86 cent.

BAIL (Joseph)

3 — *Les Dentellières.*

Elles sont curieuses et, toutes deux assises sur une chaise, elles paraissent préoccupées moins de leur travail qu'elles portent sur leurs genoux, que de ce qui se passe dans la rue.

L'une surtout, blonde et vêtue d'un corsage rouge, se penche vers la fenêtre par où un soleil gai pénètre dans la pièce. Sa compagne est vêtue d'un corsage gris.

Toutes deux sont coiffées de bonnets blancs et abritent leurs jupes sous un tablier de toile, blanche également. Au fond, à droite, on aperçoit, dans l'ombre, un escalier et une porte vitrée.

Signé à droite, en bas : *Bail Joseph.*

Toile. Haut., 46 cent.; larg., 55 cent.

BESNARD

4 — *La Fille du passeur.*

Elle est assise au bord de la barque, un châle rouge croisé sur la poitrine; derrière elle, une large rivière coule entre des rives boisées.

Signé à gauche, en bas : *A. Besnard.*

Aquarelle.

Haut., 25 cent. 1/2; larg., 36 cent. 1/2.

BOETZEL (Émile)

5 — *Pêcheurs au bord de l'étang, le matin.*

Signé à gauche, en bas : *Emile Boetzel.*

Toile. Haut., 35 cent.; larg., 29 cent.

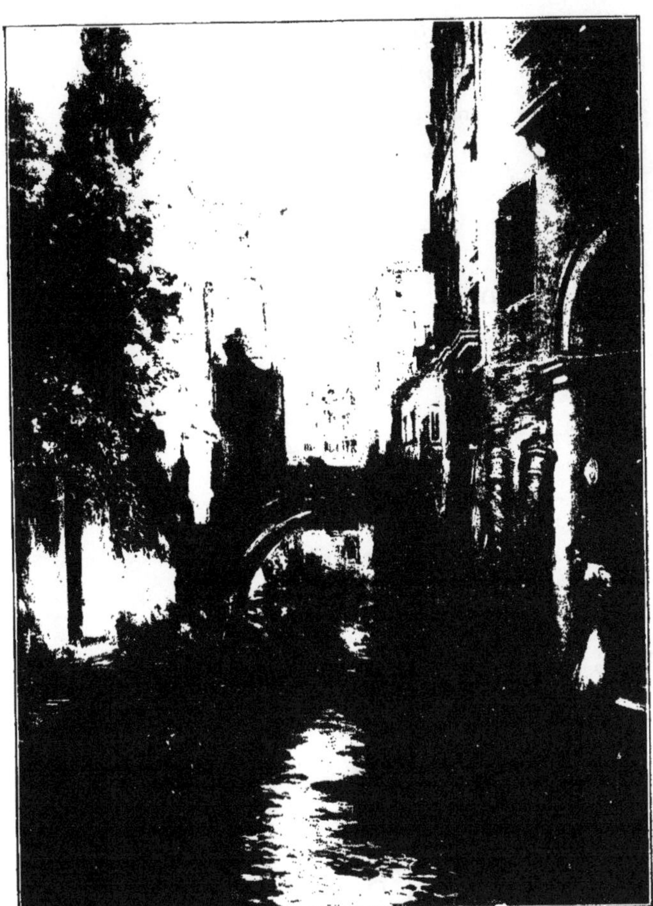

Nº 1. — ALLÈGRE. *Venise.*

BOMPARD (M.)

6 — *L'Escalier della Salute. Grand Canal, à Venise.*

Signé à gauche, en bas : *M. Bompard.*

Toile. Haut., 46 cent.; larg., 55 cent.

BOUCHÉ (A.)

7 — *Rivière dans la vallée.*

Signé à droite, en bas : *Bouché, 84.*

Panneau. Haut., 24 cent.; larg., 38 cent.

BOUCHÉ (A.)

8 — *Le Village.*

Signé à droite, en bas : *A. Bouché, 1895.*

Toile. Haut., 48 cent. ; larg., 39 cent.

BOUDIN (Eugène)

9 — *Laveuses sur la Touques.*

Signé à gauche, en bas : *94, E. Boudin.*

Panneau. Haut., 24 cent. ; larg., 33 cent.

BOUDIN (Eugène)

10 — *Retour du Terre-neuvier à Portrieux.*

Signé à droite, en bas : *E. Boudin* ; à gauche, en bas, la mention : *Portrieux.*

Panneau. Haut., 22 cent.; larg., 30 cent.

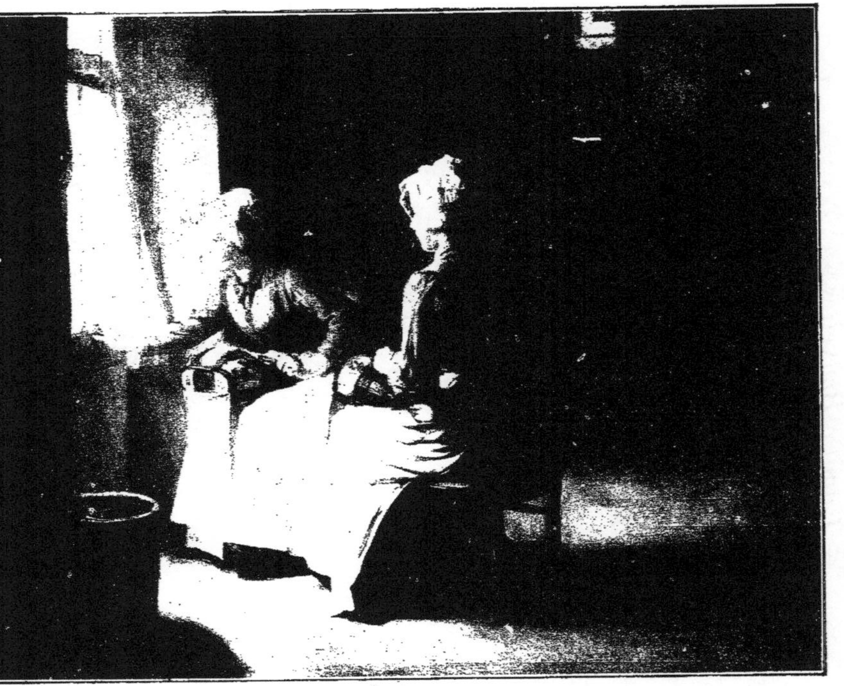

N° 3. — JOSEPH BAIL. *Les Dentellières.*

BOUDIN (Eugène)

11 — *Canal à Bruxelles.*

Signé à gauche, en bas : *E. Boudin.*

Panneau. Haut., 18 cent.; larg., 27 cent.

BOUDIN (Eugène)

12 — *Plage de Berck, marée basse.*

Signé à gauche, en bas : *E. Boudin.*

Panneau. Haut., 16 cent.; larg., 25 cent.

BRAQUAVAL

13 — *Rue de village, l'hiver.*

Une rue qui monte, avec les bas-côtés blancs de neige. Le long de la rue, des maisons basses, dont les briques de cheminées sont vivement éclairées par le soleil.

Signé à gauche, en bas : *Braquaval.*

Panneau. Haut., 45 cent.; larg., 38 cent.

BRAQUAVAL

14 — *Rue des Carmes, à Saint-Paul.*

C'est le jour du marché; au bord de la rue, il y a toute une foule aux tons bariolés. A droite, les maisons aux boutiques presque coquettes. Au fond, un édifice en briques dont les lignes se dessinent rigides sur un rideau de verdure. Ciel nuageux.

Signé à droite, en bas : *Braquaval.*

Panneau. Haut., 45 cent.; larg., 37 cent.

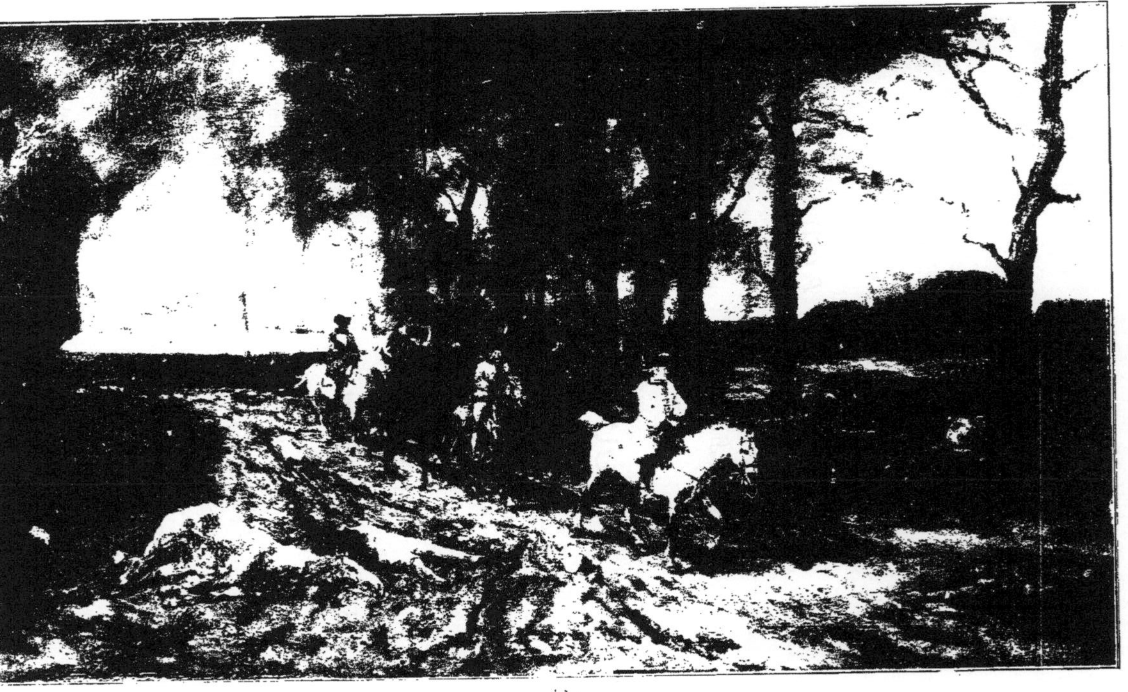

N° 18. — JOHN LEWIS BROWN. *Après la bataille.*

BRISSOT

15 — *Moutons à l'étable.*

Signé à gauche, en bas : *F. Brissot.*

Toile. Haut., 75 cent.; larg., 94 cent.

BROUILLET (André)

16 — *Les Moissonneurs.*

Signé à droite, en bas : *André Brouillet.*

Toile. Haut., 56 cent.; larg., 47 cent.

BROUILLET (André)

17 — *Faucheur affûtant sa faux.*

Signé à droite, en bas : *André Brouillet.*

Toile. Haut., 56 cent.; larg., 46 cent.

BROWN (John Lewis)

18 — *Après la bataille.*

Sur le sol, dans la plaine que marque une rangée d'arbres, il y a des cadavres d'hommes et de chevaux. Et voici que s'avance majestueux le cortège formé du grand Frédéric monté sur un cheval blanc et de quelques officiers d'état-major. Au fond, à droite, on aperçoit la toiture d'une ferme; à gauche, il y a une rivière qui coule au pied d'une chaine de collines.

Le ciel est assombri par des nuages de fumée d'incendie et de tempête.

Signé à droite, en bas : *John Lewis Brown.*

Panneau. Haut., 21 cent.; larg., 36 cent.

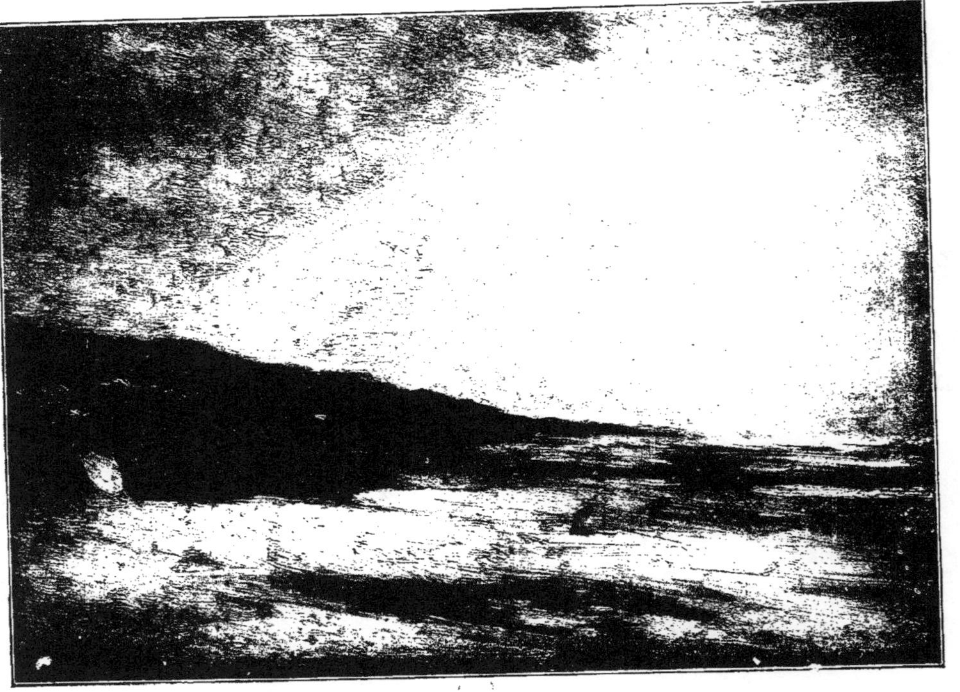

N° 21. — CAZIN. *Marée basse*

BUSSON

19 — *Les Coteaux de Lavardin.*

Signé à droite, en bas : *Ch. Busson.*

Toile. Haut., 36 cent.; larg., 49 cent.

BUSSON

20 — *Glaneuses dans la plaine de Lavardin, effet de soleil couchant.*

Signé à gauche, en bas : *Ch. Busson.*

Toile. Haut., 27 cent.; larg., 38 cent.

CAZIN

21 — *Marée basse.*

Le flot s'est retiré : la dune est découverte, la lumière grise qui tombe du ciel vient caresser le sable abandonné par la mer. A gauche, au pied de la falaise, deux bachots sont à sec.

Signé à gauche, en bas : *J.-C. Cazin.*

Toile. Haut., 24 cent.; larg., 32 cent.

CHIGOT (Eug.)

22 — *Brume du matin sur le pré et sur la ville.*

Signé à droite, en bas : *Eugène Chigot.*

Toile. Haut., 49 cent.; larg., 65 cent.

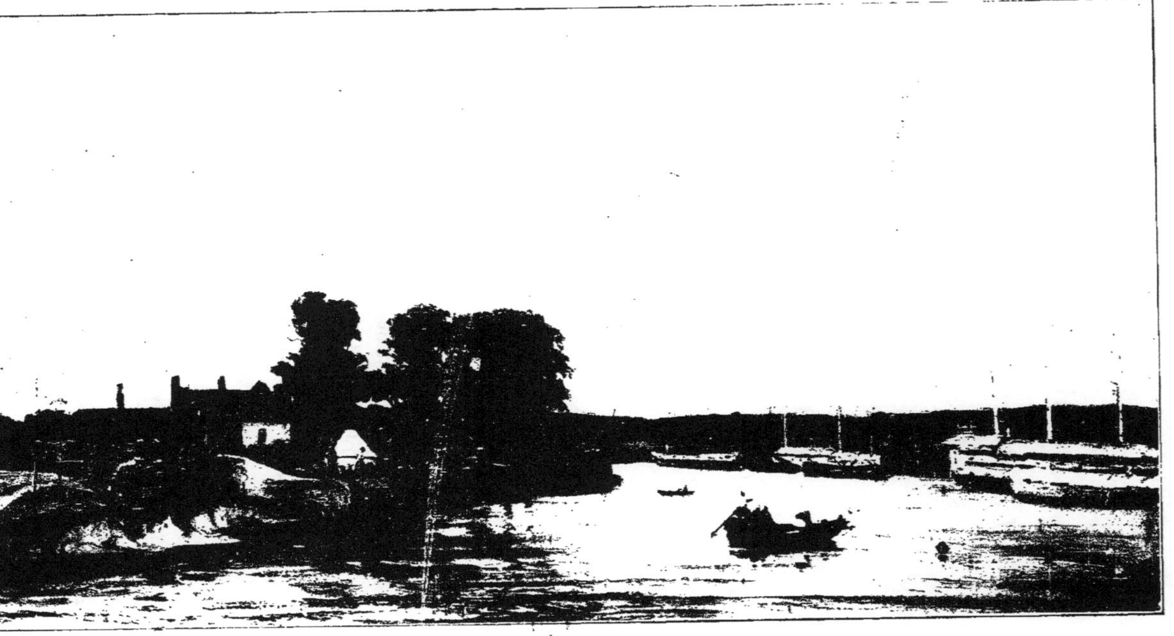

N° 27. — JULES DUPRE. *Bords de rivière.*

CHIGOT (Eug.)

23 — *La ville au bord de la rivière.*

Signé à droite, en bas : *Eugène Chigot.*

Toile. Haut., 59 cent.; larg., 80 cent.

DELAUNAY

24 — *Le Passage de la Garde de Paris.*

Signé : *J. Delaunay.*

Toile. Haut., 27 cent.; larg., 41 cent.

DELPY

25 — *A marée basse.*

La mer s'est retirée, laissant sur la plage un sloop de pêche à sec. Près de ce bateau, un chariot est arrêté que des gens sont occupés à charger. Au fond, la ligne des falaises sous un ciel clair où passent des nuages de feu.

Signé à gauche, en bas : *H. L. Delpy, 75.*

Panneau. Haut., 30 cent.; larg., 52 cent.

DUPRÉ (Jules)

26 — *Les arbres dans la prairie.*

Signé à droite, en bas : *Jules Dupré.*

Panneau. Haut., 53 cent.; larg., 72 cent. 1 2.

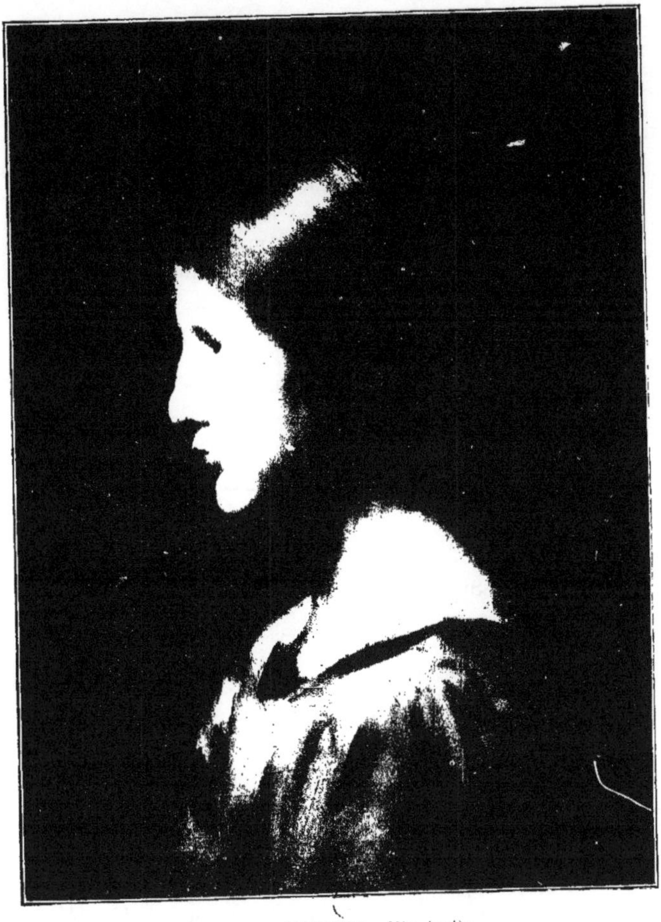

N° 29. — HENNER, *Virginella*.

DUPRÉ (Jules)

27 — *Bords de rivière.*

A gauche, au bord de l'eau, un terrain planté d'arbres en avant de constructions. A droite, le long d'une berge, des bateaux à l'ancre. Au milieu, une eau courante agitée de mille frissons et où se réfléchissent les nuages embrasés qui passent dans le ciel. Au premier plan, un homme manœuvre une barque dans laquelle se trouvent plusieurs personnes.

Signé à droite, en bas : *Jules Dupré, 1831.*

Toile. Haut., 30 cent.; larg., 54 cent.

GROISEILLIEZ (De)

28 — *La Ferme.*

Signé à gauche, en bas : *M. de Groiseilliez, 63.*

Panneau. Haut., 27 cent. 1/2 ; larg., 42 cent.

HENNER

29 — *Virginella.*

Elle est vue jusqu'à la poitrine, de profil à gauche, ses cheveux fauves tombant comme de longues trainées d'or en fusion sur ses épaules. Elle est vêtue de gris : son cou est dégagé, son regard semble inquiet.

La figure se détache sur un fond vert.

Signé à gauche, vers le bas : *J.-J. Henner.*

Toile. Haut., 46 cent.; larg., 34 cent.

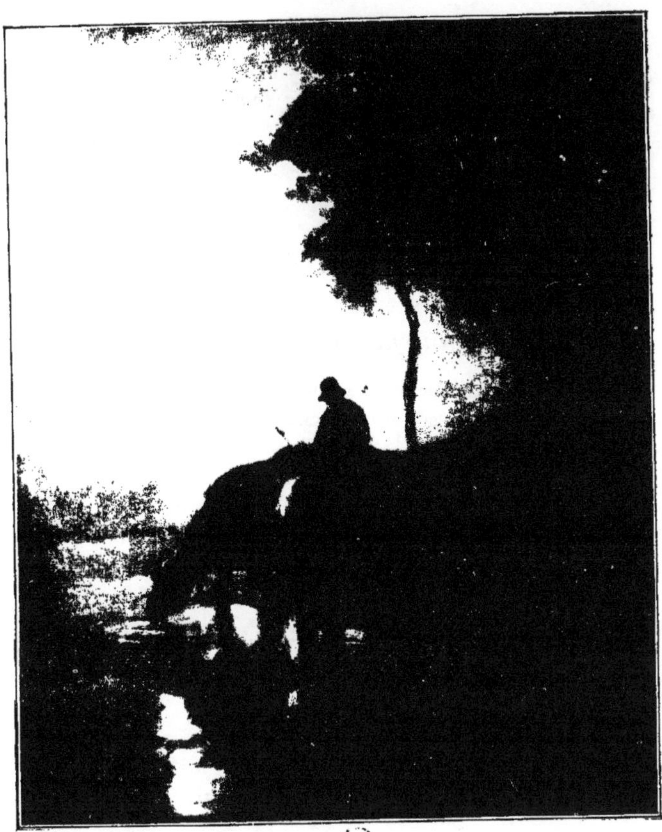

N° 31. — CHARLES JACQUE. *Fin de journée, crépuscule.*

INNOCENTI

30 — *Le Joyeux buveur.*

Signé à gauche, en haut : *Innocenti.*

Panneau. Haut., 50 cent.; larg., 60 cent.

JACQUE

31 — *Fin de journée, crépuscule.*

Le jour s'achève; au bord de la rivière, un valet de ferme a conduit ses chevaux et il attend qu'ils soient désaltérés. Tout près de lui, un troupeau de moutons dévale vers la rivière également, pour prendre le frais.

La lune apparait dans le ciel assombri. Des arbres se dressent sur la berge dont le mouvement dessine une pente rapide.

Signé à gauche, en bas : *Ch. Jacque.*

Toile. Haut., 65 cent.; larg., 54 cent.

JOURDAIN (Henri)

32 — *La Herse.*

Signé à gauche, en bas : *Henri Jourdain.*

Toile. Haut., 50 cent.; larg., 65 cent.

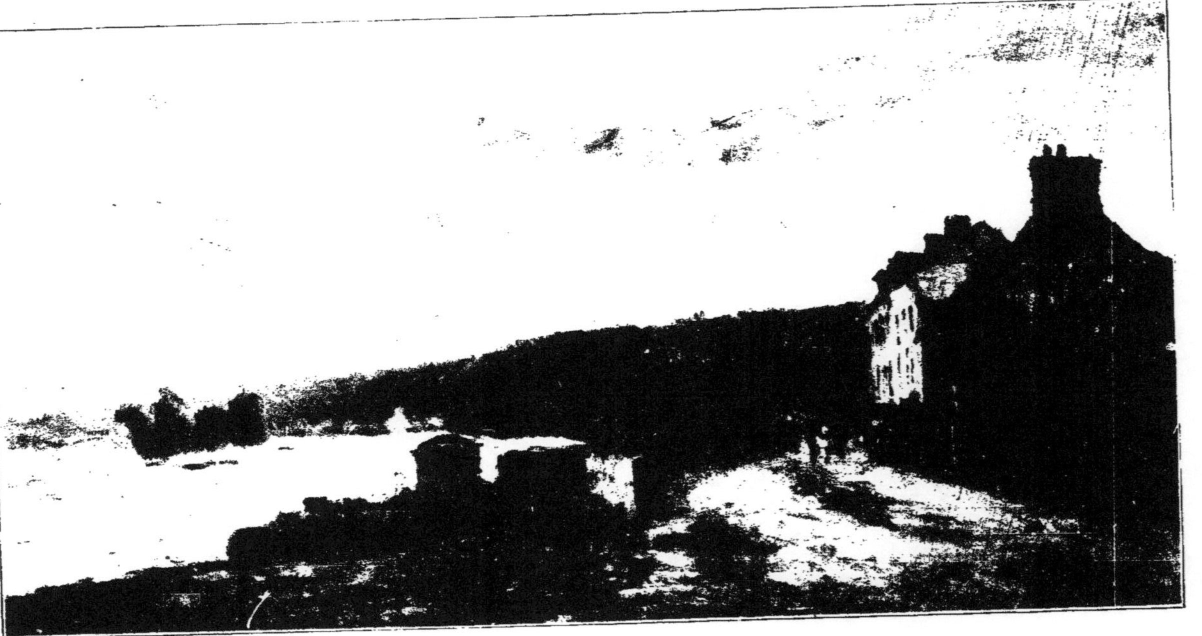

N° 35. — A. LEBOURG. *La Seine et les coteaux de Dieppedalle, vue prise de Curiset, près Rouen.*

LALAUZE (Alphonse)

33 — *Officiers de guides.*

Aquarelle.
Signé à droite, en bas : *Alph. Lalauze, 1907.*

Haut., 53 cent. ; larg., 42 cent.

LALAUZE (Alphonse)

34 — *La Charge.*

Aquarelle.
Signé à droite, en bas : *Alph. Lalauze.*

Haut., 64 cent. ; larg., 45 cent.

LEBOURG

35 — *La Seine et les coteaux de Dieppedalle; vue prise de Curiset, près Rouen.*

A droite, les constructions qui s'alignent le long du quai. Au premier plan, la berge avec un garde-fou de pierre et, au bord de la berge, un bateau-lavoir. Au fond, les collines boisées qui semblent porter sur leur épaule le ciel tout illuminé de soleil. A gauche, le fleuve dont l'eau courante est pleine de reflets.

Signé à droite, en bas : *A. Lebourg.*

Toile. Haut., 46 cent. ; larg., 85 cent.

LEBOURG

36 — *La Seine en amont du pont des Saints-Pères, rive gauche.*

Au premier plan, on aperçoit, à gauche, le long du fleuve, l'embarcadère des bateaux parisiens; puis, à droite, en haut de la pente qui donne accès au quai, le petit pavillon du télégraphe. Sur la berge, plusieurs figures isolées ou en groupes, arrêtées ou marchant. Un peu plus loin, de grands tas de sable. Puis, le pont des Arts, au-dessus duquel on aperçoit les constructions de la ville radieusement ensoleillée. A droite, le dôme de l'Institut se dresse sous un ciel d'azur magnifiquement ennuagé de blanc.

Signé à droite, en bas : *A. Lebourg.*

Toile. Haut., 47 cent.; larg., 77 cent.

LEBOURG

37 — *La Seine à Bougival.*

La Seine coule, large. Au premier plan, le terrain bas est tracé d'une route qui conduit au bord de l'eau et tourne à droite, allant vers un bois aux frondaisons estivales. De l'autre côté du fleuve, il y a les coteaux à l'abri desquels quelques villas sont construites. Le ciel bleu est légèrement ennuagé de gris et de blond.

Signé à gauche, en bas : *A. Lebourg, Bougival.*

Toile. Haut., 46 cent.; larg., 66 cent.

LEBOURG

38 — *La Seine aux environs de Rouen.*

Le fleuve large entre une rive boisée à droite et une rive plantée de peupliers à gauche. Au milieu du fleuve, une drague. Dans le ciel, aux nuages très mouvementés, le soleil apparait.

Signé à gauche, en bas : *A. Lebourg.*

Toile. Haut., 54 cent. ; larg., 71 cent.

LEBOURG

39 — *La Seine en amont de Bercy.*

Signé à droite, en bas : *Lebourg.*

Toile. Haut., 46 cent.; larg., 76 cent.

LÉPINE

40 — *Le Soir sur le canal.*

Dans le ciel aux grandes nuées lumineuses, la lune montre son miroir fauve et ses reflets viennent frissonner à la surface du canal où un grand bateau est à l'ancre. Des hommes remontent sur la berge des pièces de bois flottantes. Sur le quai, un marin s'en vient suivi de son chien. A gauche, des constructions bordent le quai, planté de deux arbres. Au fond, on aperçoit, dans une ambiance grise, les constructions de la ville dont les fenêtres sont parfois éclairées.

Signé à gauche, en bas : *S. Lépine.*

Toile. Haut., 47 cent.; larg., 56 cent.

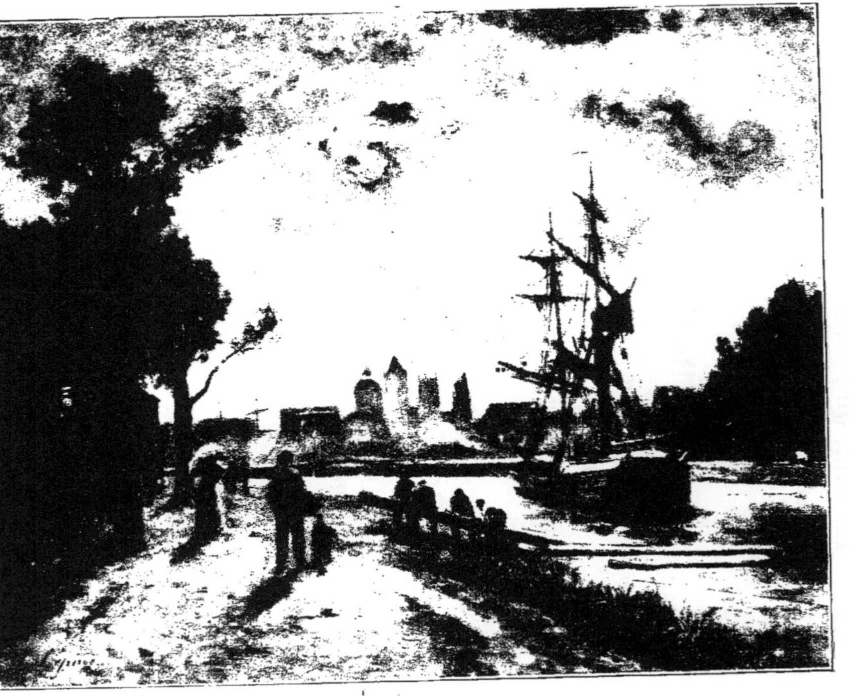

N° 40. — LÉPINE. *Le Soir sur le canal.*

LÉPINE

41 — *La Seine au pont d'Austerlitz.*

Signé à droite, en bas : *S. Lépine.*

Toile. Haut., 48 cent.; larg., 64 cent.

LEROUX

42 — *Les Dunes au bord de la mer (Pas-de-Calais).*

Signé à droite, en bas : *L. Leroux, 1894.*

Panneau. Haut., 34 cent.; larg., 60 cent.

LEROY SAINT-AUBERT

43 — *La Grande chaumière au clair de lune.*

Signé à gauche, en bas : *Leroy Saint-Aubert.*

Panneau. Haut., 48 cent.; larg., 63 cent.

LEROY SAINT-AUBERT

44 — *La Grande route devant la ferme.*

Signé à droite, en bas : *Leroy Saint-Aubert.*

Panneau. Haut., 27 cent.; larg., 34 cent.

LEROY SAINT-AUBERT

45 — *La Mare devant la ferme.*

Signé à droite, en bas : *Leroy Saint-Aubert.*

Panneau. Haut., 26 cent. 1/2 ; larg., 35 cent.

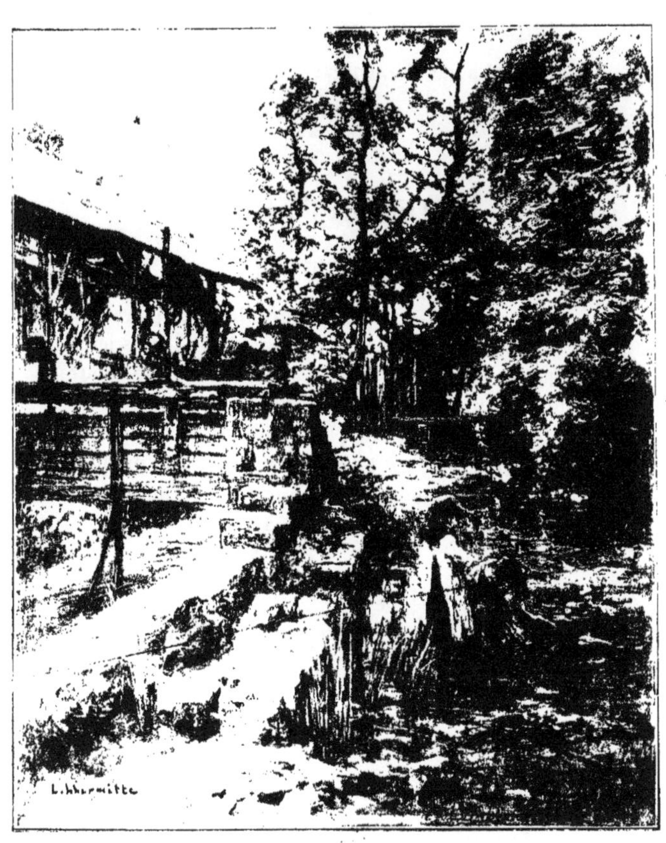

N° 47. — LHERMITTE. *Le Torrent, à Charmin.*

LE SIDANER

46 — *Jeune femme lisant le long d'un pré.*

Signé à gauche, en bas : *Le Sidaner.*

Toile. Haut., 48 cent.; larg., 64 cent.

LHERMITTE

47 — *Le Torrent, à Charmin.*

A gauche, entre des murailles de pierre, le torrent descend. A une passerelle de bois jetée dessus sont adaptés des panneaux d'écluse, pour l'instant relevés. A gauche, il y a une construction rustique en bois; à droite, de beaux arbres se dressent vers le ciel lumineux. Au premier plan, un jeune garçon et une fillette s'amusent à barboter dans une flaque d'eau.

Pastel.
Signé à gauche, en bas : *L. Lhermitte.*

Haut., 60 cent.; larg., 50 cent.

LUMINAIS

48 — *Cavaliers gaulois.*

Sur des chevaux, l'un blanc, l'autre bai, deux cavaliers gaulois franchissent au galop les broussailles. L'un, la tête courbée, derrière son bouclier brandit une hache; l'autre, sur les épaules duquel flotte un manteau rouge, tient une lance.

Signé à gauche, avec dédicace.

Panneau. Haut., 36 cent.; larg., 48 cent.

MARIE (Jacques)

49 — *La Route de Bourgogne, Nemours.*

Signé à droite, en bas : *Jacques Marie.*

Toile. Haut., 60 cent.; larg., 80 cent.

MARIE (Jacques)

50 — *Canal à Montigny.*

Signé à droite, en bas : *Jacques Marie.*

Toile. Haut., 60 cent.; larg., 80 cent.

MERLOT

51 — *Vaches dans un pâturage.*

Une vache de trois quarts à droite, dont la silhouette se dresse sur un fond de pré fleuri et de ciel ennuagé. A droite, plus loin, une autre vache paissant, presque de face, le museau enfoui dans les herbes.

Signé à droite, en bas : *E. Morlot, 98.*

Toile. Haut , 44 cent.; larg., 66 cent.

MORLON

52 — *Les Sauveteurs.*

Signé à gauche, en bas : *A. Morlon.*

Toile. Haut., 40 cent.; larg., 60 cent.

RICHET (Léon)

53 — *La Moussière dans la campagne.*

Signé à gauche, en bas : *Léon Richet.*

Toile. Haut., 40 cent.; larg., 60 cent.

RICHET (Léon)

54 — *La mare dans la prairie.*

Signé à gauche, en bas : *Léon Richet.*

Toile. Haut., 26 cent.; larg., 36 cent.

RICHET (Léon)

55 — *La Passerelle*

Signé à droite, en bas : *Léon Richet.*

Toile marouflée sur carton. Haut., 27 cent.; larg., 37 cent.

RICHET (Léon)

56 — *Clairière dans la forêt.*

Signé à gauche, en bas : *Léon Richet.*

Toile. Haut., 64 cent.; larg., 80 cent.

SISLEY

57 — *Le Quai au bord du Loing.*

Sous les grands arbres, on a mis à sec les barques. A droite, la rivière coule; le ciel est gris avec des menaces d'averse.

Signé à droite, en bas : *Sisley*.

Toile. Haut., 47 cent.; larg., 66 cent.

STEVENS (A.)

58 — *Bateaux à voile au large du Havre, soleil couchant.*

Signé à gauche, en bas : *A. Stevens*.

Toile. Haut., 53 cent.; larg., 56 cent 1/2.

THAULOW

59 — *La Grande-Rue de Montreuil-sur-Mer, le soir.*

La rue est sombre, avec deux grandes stries de lumière qui viennent de quelques fenêtres illuminées. Le ciel semble cependant s'éclairer, mais le sol est plein de reflets mouillés et, dans la rue, une femme passe, s'abritant sous un parapluie.

Signé à gauche, en bas : *Fritz Thaulow, 93.*

Panneau. Haut., 23 cent.; larg., 29 cent.

THAULOW

60 — *La Fin du jour.*

La rivière coule, pleine de reflets du ciel où le soleil se couche. A gauche, au fond, il y a un étroit pont de pierre. Sur l'autre rive, le long du quai, des maisons se dressent, coiffées de tuiles rouges et dominées par un beffroi.

Signé à droite, en bas : *Fritz Thaulow.*

Toile. Haut., 69 cent.; larg., 90 cent.

VAYSON

61 — *Vaches au pâturage.*

Signé à gauche, en bas : *P. Vayson.*

Toile. Haut., 60 cent.; larg., 78 cent.

VAYSON

62 — *Vaches paissant dans un pré, près d'un pommier en fleurs.*

Signé à gauche, en bas : *P. Vayson, 1890.*

Toile. Haut., 40 cent.; larg., 60 cent.

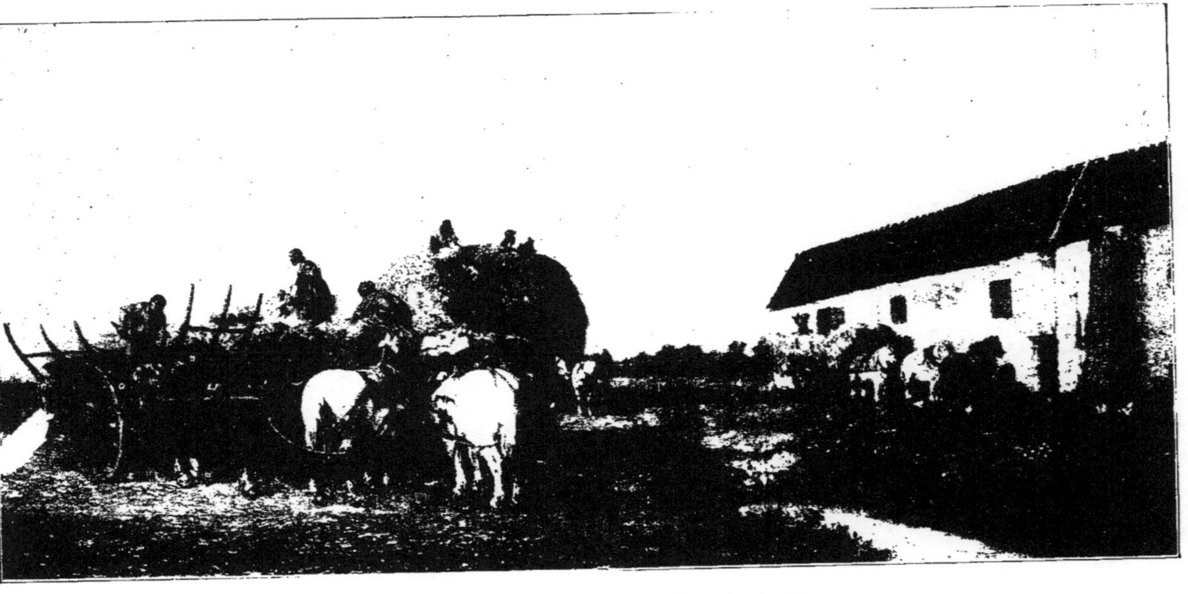

N° 65. — J. VEYRASSAT. *La Rentrée du blé.*

VEYRASSAT (J.)

63 — *La Rentrée du blé.*

L'été a été bon : les moissons furent dorées, et voici que dans la grange dont le bâtiment s'étend à droite, coiffé de tuiles rouges, on rentre le blé. De ce côté, un tombereau est arrêté attelé de deux chevaux blancs et d'un cheval bai cerise. Au premier plan, et vers la gauche, il y a une autre charrette à demi déchargée, un grand tas de blé; puis un autre tombereau de blé sur lequel les moissonneurs sont grimpés. La charrette du premier plan, à gauche, est attelée en flèche d'un cheval blanc et d'un cheval gris pommelé vu de dos; il y a dans les brancards un cheval bai brun. Vers la droite, trois canards s'ébattent dans une mare.

Signé à droite, en bas : *J. Veyrassat, 1861.*

Panneau. Haut., 32 cent.; larg., 65 cent.

VIBERT (G.)

64 — *Le Muletier.*

Signé à gauche, en bas : *Vibert.*

Toile. Haut., 34 cent.; larg., 53 cent.

VOGLER (P.)

65 — *Place du Marché, à Meulan.*

Signé à gauche, en bas : *P. Vogler.*

Toile. Haut., 65 cent.; larg., 54 cent.

VOGLER (P.)

66 — *La Neige dans la montagne.*

Signé à gauche, en bas : *P. Vogler.*

Toile. Haut., 64 cent.; larg., 91 cent.

VOLLON (A.)

67 — *Pêches et raisin.*

Sur un coin de table, on a disposé des raisins blancs et noirs, deux pêches, dont une entamée, et un broc de cristal à monture de bronze, près d'une draperie rouge.

Signé à droite, en bas : *A. Vollon.*

Panneau. Haut., 41 cent.; larg., 33 cent.

WAIDMANN (Pierre)

68 — *Rivière en Hollande.*

Signé à gauche, en bas : *Pierre Waidmann, 1906.*

Toile. Haut., 50 cent.; larg., 60 cent.

WAIDMANN (Pierre)

69 — *Le Tournant de route : paysage des Vosges.*

Signé à droite, en bas : *Pierre Waidmann.*

Toile. Haut., 47 cent.; larg., 62 cent.

WASHINGTON

70 — *Fantasia.*

Signé à gauche, en bas : *S. Washington.*

Toile. Haut., 50 cent.; larg., 59 cent.

WATELIN

71 — *Coin de forêt.*

Signé à droite : *L. Watelin 72.*

Panneau. Haut., 32 cent.; larg., 46 cent.

VAN DER WEYDEN

72 — *Les arbres au bord de l'étang, soleil couchant.*

Signé à gauche, en bas : *H. van der Weyden 1903.*

Toile. Haut., 34 cent.; larg., 44 cent.

Collection de M. T...

TABLEAUX MODERNES

CABIÉ (Louis)

73 — *La Vézère aux Eyzies (Dordogne).*

Signé à droite, en bas : *Louis Cabié, 1903.*

Toile. Haut., 50 cent.; larg., 60 cent.

CLARY

74 — *Les Brouillards roses au bord de l'Oise.*

Signé à gauche, en bas : *J. Clary.*

Toile. Haut., 45 cent.; larg., 80 cent.

FROMENTIN (Eugène)

75 — *Pâturage dans la Charente.*

Au bord de l'eau, des vaches sont en train de prendre le frais. Au premier plan, des roseaux et des bruyères émergent de la nappe humide où se réfléchit le ciel nuageux. Le fond est occupé par d'épais bouquets d'arbres.

Signé à droite, en bas : *Eug. F.*

Un monogramme de la vente n° 64.

Toile. Haut., 63 cent.; larg., 53 cent.

MESLÉ

76 — *La Ferme dans la vallée, effet d'automne.*

Signé à droite, en bas : *P. Meslé.*

Toile. Haut., 57 cent.; larg., 72 cent.

Salon de 1909.

ZUBER

77 — *Un soir dans le Jura.*

Signé à gauche, en bas : *Zuber.*

Toile. Haut., 73 cent.; larg., 1 mètre.

Salon de 1907.
Vente de l'atelier Henri Zuber, 1910.

www.ingramcontent.com/pod-product-compliance
Ingram Content Group UK Ltd.
Pitfield, Milton Keynes, MK11 3LW, UK
UKHW021530260726
13993UKWH00004B/1907

9 782329 486703